Impressum

Bibliografische Information der Deutschen
Nationalbibliothek: Die Deutsche Nationalbibliothek
verzeichnet diese Publikation in der Deutschen
Nationalbibliografie; detaillierte bibliografische Daten
sind im Internet über dnb.dnb.de abrufbar.

Idee, Text und Gestaltung: Rosemarie Stampa
Layout: Rüdiger Richter
Herstellung und Verlag: BoD – Books on Demand,
Norderstedt

ISBN: 978-3-7504-1505-8

In
Liebe
für
meinen
Patensohn
Ulf.

Gedanken
auf
dem
Weg
zu
Dir
selbst

Rosemarie
Stampa

Zueignung:

Ich widme diese
Zusammenstellung
von Gedanken den
Menschen, die ich im
Laufe meines Lebens
eine Zeit lang
begleiten durfte.

In herzlicher
Verbundenheit

Rosemarie Stampa

Januar 2020

Vorwort

In meiner langjährigen psychotherapeutischen Praxis habe ich erlebt, dass es die „ganz einfachen Sätze" sind, die unsere Seele versteht und dann auch umsetzen kann.

Einige meiner Gedanken habe ich hier zusammen getragen.

Vielleicht passt die eine oder andere Anregung auch für Ihr Leben.

Ich wünsche Ihnen beim Lesen viel Freude und Wiedererkennen.

Rosemarie Stampa

Einatmen
und
wieder
ausatmen.
Mehr
haben
wir
alle
nicht.

Es
gibt
wirklich
nur
den
Augenblick.

Das
Glück
ist
nicht
im
anderen;
sondern
in
Dir
und
nur
in
Dir.

Sei
immer
ganz
Du
selbst!

Du
darfst
so
sein,
wie
Du
jetzt
gerade
bist.

Alles,
was
Du
jetzt
gerade
fühlst,
darf
sein.

Wenn
Du
ganz
bei
Dir
bist,
ist
es
egal,
was
Du
tust.

Sei
achtsam
und
langsam.

Du
bist
wertvoll,
einmalig,
und
mußt
nichts
beweisen.

Auch
in
Dir
ist
der
göttliche
Funke.

Weniger
ist
mehr.

Deine
Handlungen
beginnen
in
Deinen
Gedanken,
in
Deinen
Vorstellungen.

Höre
die
Stimme,
die
aus
Dir
kommt,
und
folge
ihr.

Sei
dankbar
und
laß
Dich
führen!

Wünschen
und
ein
Ziel
haben,
bringt
Dich
an's
Ziel.

Halte
die
Stille
aus.
Sie
wird
Dir
etwas
sagen.

Du
brauchst
keine
neue
Therapie.
Alles
ist
in
Dir.

Lebendig
sein
heißt:
In
Kontakt
sein
mit
Deinen
Gefühlen.

Erwarte
nichts!
Sondern
vertraue
Deiner
inneren
Stimme
und
folge
ihr.

Gönne
Dir
Zeit
für
Dich
selbst.
Es
wird
Dich
verändern.

Anerkennen
was
ist,
ohne
Schuldzuweisung.

Du
bist
frei,
wenn
Du
losgelassen
hast.

Genaue
Wahrnehmung
ist
Veränderung.

Wenn
Du
nicht
weißt,
was
Du
tun
sollst,
dann
tu
gar
nichts.

Wenn
Du
Deinen
Schatten
angenommen
hast,
kannst
Du
auch
die
Eigenarten
der
anderen
ertragen.

Mit
dem
Vergleichen
machst
Du
Dich
unglücklich.

Gedanken
sind
wie
Telefonnummern.
Du
erhältst,
was
Du
denkst,
was
Du
„wählst".

Es
gibt
nicht
Nichts.
Sondern
vielleicht
nicht
das,
was
Du
Dir
in
diesem
Augenblick
vorstellst.

Jeder
Schmerz
bringt
Dich
mehr
zu
Dir
selbst.

Oft
ist
es
schwerer
nichts
zu
machen,
einfach
still
abzuwarten.

Wenn
Du
gut
für
Dich
sorgst,
wird
das
Universum
Dich
unterstützen.

Nicht
im
Augenblick
zu
sein
ist
undankbar;
denn
der
Augenblick
ist
göttlich.

Du
mußt
nichts
beweisen.
Sein
nur
Sein!

Lebe
Dein
Leben!
Und
Du
wirst
Dein
Leben
erfüllen.

Ich
schließe
Frieden,
so
wie
es
jetzt
gerade
ist.
Nicht,
wie
es
sein
sollte.

Liebe
Dich
und
verzeihe
Dir
jeden
Tag
neu!

Nachwort

Ich würde gerne wissen, ob
Sie den einen oder anderen
Gedanken wieder erkannt haben.
Und ob er Ihnen im Alltag vielleicht
etwas geholfen hat?

(Vielleicht legen Sie „wichtige
Gedanken" abends unter's
Kopfkissen, so wie früher das
Vokabelheft vor einer Klassenarbeit.)

Denn das Einfache
ist immer das Wahre.

Und das Einfache ist kraftvoll.

Danksagung

Ich danke allen Kindern und allen Erwachsenen, daß ich sie eine Zeit begleiten und unterstützen durfte Bei jeder Begegnung habe ich auch für mich etwas gelernt.

Das erfüllt mich mit Freude und Dankbarkeit.

Meinem Neffen, Rüdiger Richter, bin ich für die Mitgestaltung dieser kleinen Broschüre sehr dankbar

Rosemarie Stampa

Rosemarie Stampa

Analytische Psychotherapeutin für Kinder und
Jugendliche, Atem- und Körpertherapeutin für
Erwachsene, 20 Jahre Lehrbeauftragte an
einer Fachhochschule für Sozialarbeit in München.

Rosemarie Stampa schreibt über
die Kraft der positiven Affirmationen.
Nach dem Durcharbeiten der eigentlichen,
der ursächlichen Probleme sind kraftvolle
Affirmationen eine ergänzende Hilfe
für den Prozess der Heilung.